La Revolución Industrial

Debra J. Housel, M.S.Ed.

Créditos de publicación

Asesor histórico
Fernando A. Pérez, M.A.Ed.

Editores
Wendy Conklin, M.A.
Torrey Maloof

Directora editorial
Emily R. Smith, M.A.Ed.

Editora en jefe
Sharon Coan, M.S.Ed.

Directora creativa
Lee Aucoin

Gerente de ilustración
Timothy J. Bradley

Editora comercial
Rachelle Cracchiolo, M.S.Ed.

Teacher Created Materials
5301 Oceanus Drive
Huntington Beach, CA 92649-1030
http://www.tcmpub.com
ISBN 978-1-4938-1663-7
© 2016 Teacher Created Materials, Inc.

Índice

Nacimiento de la Revolución Industrial

En el siglo XVIII, una gran **revolución** comenzó en Gran Bretaña. Fue una revolución de la industria. Marcó el final de la vida de las personas en sociedades rurales y de hacer a mano las cosas que necesitaban. Las personas comenzaron a crear máquinas para hacer el trabajo difícil. Se construyeron fábricas y se abrieron bancos. Este tiempo se conoce como la Revolución Industrial y cambió la historia del mundo para siempre.

¿Por qué comenzó en Gran Bretaña? Solo esta nación tenía todos los factores necesarios. Tenía riqueza y hombres que estaban dispuestos a arriesgar su dinero. Tenía un sistema bancario para igualar los fondos de los ahorristas con los inversores. También tenía materias primas, como carbón y hierro.

Gran Bretaña fue el primer país en tener fábricas de tejidos de algodón.

La Revolución Industrial comenzó en Gran Bretaña. Los cambios no tardaron mucho en llegar a Estados Unidos.

Liberalismo económico

En 1776, un nuevo libro recomendó la idea del liberalismo económico. Esto significa que el gobierno nunca debe interferir en los negocios. No habría leyes que rigieran la industria. Los negocios no necesitarían mostrar preocupación por sus trabajadores.

Miedo a las máquinas

Hasta cerca de 1850, muchedumbres atacaban y destrozaban máquinas. Temían que las máquinas algún día les arrebatarían sus trabajos. En poco tiempo, las personas vieron que no podían evitar el cambio tecnológico.

Además, en Gran Bretaña había muchas más personas de las necesarias para trabajar en las granjas. Esto proporcionó mano de obra para las fábricas. Y los inventores podían **patentar** lo que hacían. La posibilidad de ganar mucho dinero llevó a que muchos intentaran crear nuevos inventos.

El gobierno británico tenía leyes para respaldar sus empresas. Cuando los británicos comerciaban con sus diversas colonias, pretendían términos favorables para los comerciantes. Gran Bretaña también tenía carreteras y canales bien cuidados. Esto facilitó el transporte y el comercio de materiales.

Estados Unidos se une a la Revolución

La Revolución Industrial tuvo un comienz lento en el Nuevo Mundo. Algunas máquina ya se usaban para 1783. Pero no fue hasta después de la guerra de Secesión que se produjeron los cambios reales.

Al principio, a los propietarios de negocio: estadounidenses se les hizo difícil acumular **capital**. Capital es el dinero que puede pedirs prestado. En su lugar, las personas querían invertir en tierras porque ser propietario de tierras era un signo de riqueza.

Los motores a vapor se conocieron por primera vez durante la Revolución Industrial. Sin embargo, los fabricantes estadounidenses no se apresuraron a usar máquinas de vapor. Había muchos riachuelos y ríos, por lo que se prefería la energía hidráulica. Además, Estados Unidos era una nación nueva. Tenía pocas carreteras, y eran lodosas y tenían surcos profundos. Como resultado, los materiales no podían trasladarse fácilmente.

El crecimiento de la industria estadounidense estaba vinculado con el aumento del uso del acero. El acero tiene más carbono que el hierro. Es más fuerte y flexible Puede tomar casi cualquier forma. Para 1860, se usaba para máquinas, barcos, puentes y rieles de ferrocarril.

Un gran cambio

Estados Unidos pasó de depender de bienes extranjeros en 1840 a producir casi todo lo que necesitaba para 1890. El valor de los bienes creados por la industria estadounidense era 10 veces mayor en 1916 que en 1870.

Sin riquezas para el Sur

La mayor parte del crecimiento industrial y la riqueza estaban en el Norte. Esto desencadenó resentimiento en el Sur. Después de perder la guerra de Secesión, el Sur vio los cambios como otro insulto.

Había caminos de tierra como este en todo Estados Unidos. Eso dificultaba el transporte de máquinas pesadas y materiales.

Después de la guerra de Secesión, las grandes fábricas pasaron a ser algo comúnmente visto en Estados Unidos.

Carbón, fábricas y algodón

La industria estadounidense creció más rápido en Pensilvania. Esta área tenía una fuente de carbón disponible. Los altos hornos queman carbón para combustible. Necesitan combustible para convertir el mineral de hierro en acero. Estos hornos se propagaron rápidamente cerca de las minas de carbón. El acero permitió que las vías férreas se extendieran por toda la nación. El ferrocarril facilitó y agilizó el transporte de artículos. Se excavaron canales para que los botes tambié pudieran trasladar mercancías.

Los **industrialistas** abrieron fábricas para hacer mercancías. Mediar las máquinas, los trabajadores fabricaban productos más rápidamente. El aumento de la producción hizo que creciera la **economía** de la nació Los negocios podían cobrar menos por los productos. De esta forma, más personas podían comprarlos. Las ventas prosperaban.

Una joven usa una máquina de tejer en una fábrica de tejidos de algodón.

La industria **textil,** o de la tela, se transformó debido a las máquinas. Antes, las personas hilaban, tejían y confeccionaban ropa a mano. Trabajaban en sus hogares. Cuando se inventaron las máquinas, estas tareas pasaron a las fábricas.

Desde 1823, el algodón había sido la tela favorita de Europa. Incluso funcionando a toda máquina, las fábricas textiles no podían mantenerse al día con la demanda europea.

¡Creo que puedo!

En 1869, Estados Unidos completó el primer sistema transcontinental de ferrocarriles. Unió la costa este con la costa oeste. La distancia de todas las líneas de ferrocarril en Estados Unidos creció a casi 200,000 millas (322,000 km) para el siglo XX.

Un terrible efecto colateral

El crecimiento de la tela de algodón estimuló la esclavitud. La nación pasó de 700,000 esclavos en 1790 a cuatro millones en 1860. La mayoría de los esclavos trabajaban en plantaciones de algodón.

Esclavos que cosechan algodón en una plantación de Misisipi

El rey automóvil

De todas las innovaciones de fines del siglo XIX, el automóvil produjo el mayor impacto en la vida. Durante la mayor parte de la historia, la mayoría de las personas habían vivido y fallecido dentro de las 25 millas del lugar donde nacían. Ahora, el automóvil permitía que fueran más allá de sus hogares.

Montaje rápido

En 1912, a un trabajador le tomaba 12.5 horas en terminar un Modelo T. La línea de montaje aceleró las cosas tanto que, tan solo dos años después, le tomaba solamente 1.5 horas fabricar un automóvil.

Henry Ford cambió la vida en Estados Unidos.

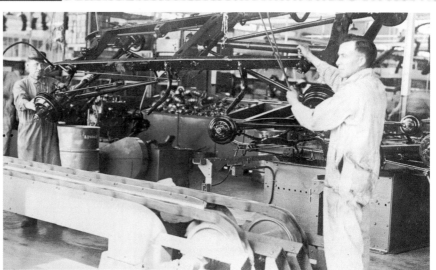

Dos hombres trabajan en la línea de montaje de la planta automotriz de Ford.

Una convención de inventos

En la última parte del siglo xix, las personas inventaron docenas de cosas. Algunas de ellas incluyen el telégrafo, la máquina de coser, la máquina de escribir y el teléfono. Además, en este tiempo se crearon las bombillas eléctricas, la cámara y el motor de gasolina. Nunca antes se habían creado tantos inventos en tan corto tiempo.

El motor de gasolina produjo un automóvil práctico. A pesar de que no fue el primero en construir un automóvil, Henry Ford pronto se convirtió en el líder de la industria automotriz. Fabricó el Modelo T en 1908 y se vendieron más de 10,000 el primer año.

La demanda de automóviles era alta y la compañía de Ford no podía hacerlos con la rapidez suficiente. Entonces, Ford inventó la **línea de montaje**. Los hombres se paraban junto a una **cinta transportadora**. A medida que pasaba cada motor, el trabajador hacía una sola tarea. Un hombre ponía el perno. Otro hombre colocaba la tuerca. Un tercer hombre la ajustaba. La línea de montaje cambió el trabajo de fábrica para siempre.

Estos hombres son operadores de telégrafo de Western Union en la ciudad de Nueva York.

¡Llévenme al banco!

El **capital** fue muy importante para el crecimiento de la industria. Los bancos unieron a ahorristas e industrialistas. Las personas llevaban el efectivo a los bancos. Los bancos les daban una tasa de **interés** de alrededor de uno por ciento. Esto significa que las personas ganaban dinero dejando el dinero en los bancos. Luego, los bancos prestaban el dinero.

Los préstamos bancarios se daban a personas que necesitaban dinero para comenzar o ampliar negocios. Con el paso del tiempo, las personas tenían que devolver el dinero a los bancos. Los que solicitaban préstamos pagaban el monto original más tres por ciento de interés. Tres por ciento es más que el uno por ciento de interés que pagaban los bancos. Entonces, los bancos ganaban dinero porque recibían más dinero de lo que pagaban en interés.

Otra manera de conseguir capital era emitiendo **acciones**. Las acciones son la propiedad parcial de una compañía. Una persona daba dinero en efectivo al propietario del negocio. A cambio, recibía un certificado de acciones. En estas se indicaba que era propietario de una pequeña parte del negocio. Eso significaba que obtendría un poco de las ganancias. Cuantas más acciones tuviera, mayor era la participación en el negocio.

Certificado de capital accionario de 1876

El distrito financiero de la
ciudad de Nueva York en 1910

Producción de los banqueros

Los banqueros desempeñaron un papel protagonista en el desarrollo de las grandes industrias. Para 1895, Estados Unidos era la nación industrializada más grande y rica sobre la Tierra. Producía la mayor parte del acero, petróleo, trigo y algodón del mundo.

El riesgo de la banca

Los banqueros se arriesgan al prestar dinero. Pierden dinero si prestan fondos a un negocio que fracasa o a una persona que no puede devolverlo.

J. P. Morgan, financista

J. P. Morgan fue **financista**, o banquero. Se enriqueció prestando dinero a los industrialistas. Tenía un talento natural para saber qué negocios crecerían. Se aseguraba de prestarles dinero a ellos.

Thomas Edison, inventor

Thomas Edison creó la mayoría de los inventos de la historia de Estados Unidos. ¡Registró 1,093 patentes en Estados Unidos! No solo fue inventor, sino también un hombre de negocios. Inició la compañía General Electric (GE).

Carnegie se educó a sí mismo visitando la biblioteca local. Para ayudar a educar a otros, gastó 55 millones de dólares para construir más de 2,500 bibliotecas en todo el mundo.

John D. Rockefeller fue el primer multimillonario estadounidense.

Thomas Edison con el fonógrafo, uno de sus inventos más populares

Los trabajado
extienden placas
acero en una ace

Industrialistas adinerados

Un industrialista arriesga dinero en una **empresa** comercial que cree que ganará dinero. A fines del siglo, el riesgo valió la pena para muchos hombres. Se hicieron ricos. Tres de los más conocidos son Andrew Carnegie, John D. Rockefeller y Henry Ford.

Carnegie era un inmigrante escocés. A los 17 años de edad, comenzó a trabajar para un ferrocarril. Allí, conoció la importancia del acero. Compró una acería y la transformó en la más grande y rentable de Estados Unidos.

El petróleo debe ser extraído de la tierra y refinado. Luego, puede utilizarse para poner máquinas y automóviles en funcionamiento. Rockefeller ganó más de mil millones de dólares en la industria del petróleo. Lo hizo comprando a su competencia. Para 1879, era propietario del 90 por ciento de la industria del petróleo de EE. UU. El hecho de que fuera propietario de tanto enojó a las personas.

Ford fabricó el primer automóvil que un trabajador promedio podía comprar. Se hizo multimillonario. Ford Motor Company sigue funcionando hoy en día.

Huele mal en los talleres de explotación laboral

Alrededor del siglo XIX, las fábricas estadounidenses se estaban expandiendo. Pero no había leyes establecidas para **regularlas**. Por ello, los propietarios de negocios a menudo se aprovechaban de sus trabajadores. Los hacían trabajar por largas horas y salarios bajos. Pe aún, no les importaba si los trabajadores se enfrentaban a condiciones calor, suciedad o peligro.

Algunos propietarios de fábricas instalaron **talleres de explotación** en los lugares más baratos que podían encontrar. A menudo, eran edificios poco iluminados y sin ventanas. A veces, no les permitían a la personas hablar ni usar los baños. No existía lo que conocemos como un receso. Muchos de los trabajadores eran mujeres y niños. No se atrevían a protestar por estas condiciones. Necesitaban el dinero. Si no trabajaban, no tenían dinero para comprar alimentos.

Ya en 1830, las personas comenzaron a protestar por los talleres de explotación. Pero el problema empeoró después de 1880. Fue cuando aumentó la cantidad de inmigrantes que llegaban a Estados Unidos. Estos inmigrantes necesitaban trabajo y estaban dispuestos a trabajar e cualquier lugar.

Este grupo trabaja en un taller de explotación en la ciudad de Nueva York.

Los periódicos de todo el país cubrieron el desastre de Triangle Shirtwaist Company.

The World.

154 KILLED IN SKYSCRAPER FACTORY FIRE;
SCORES BURN, OTHERS LEAP TO DEATH.

WORKERS, MOSTLY GIRLS, TRAPPED;
BODIES OF DEAD HEAP THE STREETS;
ONLY ONE FIRE ESCAPE FOR ALL.

Un terrible incendio

Triangle Shirtwaist Company ocupaba los tres pisos superiores de un edificio de 10 pisos en la ciudad de Nueva York. Esta tragedia hizo que el gobierno estableciera nuevas leyes sobre las condiciones laborales.

Trabajar o pasar hambre

En aquel entonces, si querías comer, tenías que trabajar o pedir limosna. Había algunas organizaciones de beneficencia que funcionaban en iglesias en las grandes ciudades. Pero estaban sobrepasadas de personas que necesitaban alimentos y un lugar para dormir. Tenían que rechazar más personas de las que ayudaban.

Triangle Shirtwaist Company era uno de estos talleres de explotación. En 1911 se produjo un incendio. Rollos de tela dentro del edificio de madera fueron el combustible para el incendio. La única salida para incendios colapsó cuando las mujeres quisieron usarla. Las salidas estaban bloqueadas o cerradas. Con sus ropas y cabellos en llamas, las mujeres se lanzaron al vacío y fallecieron. Un total de 154 personas, la mayoría adolescentes, murieron en el incendio.

Construcción de un ferrocarril

Para construir un ferrocarril a lo largo del país, los inmigrantes chinos tendieron rieles de oeste a este. Los inmigrantes irlandeses tendieron rieles de este a oeste. Se encontraron en Promontory Point, Utah, el 10 de mayo de 1869.

Largas horas

Para comienzos del siglo xx, la mayoría de los obreros trabajaba cerca de 53 horas por semana. Los trabajadores inmigrantes generalmente trabajaban al menos 60 a 70 horas por semana.

Esta familia trabaja a destajo.

Aprovechan la mano de obra inmigrante

Cerca de 27 millones de inmigrantes llegaron a Estados Unidos entre 1880 y 1930. La mayoría de los inmigrantes eran de Europa. Algunas personas llegaron desde China. Otros inmigrantes venían de México y Canadá. Todas estas personas creían que podrían tener mejores vidas en Estados Unidos. Pero esto no siempre era así.

Muchos inmigrantes llegaban sin dinero. Sin embargo, necesitaban dinero para sobrevivir. Eran **presa** fácil de los propietario de los talleres de explotación. Las industrias de costura y fabricación de cigarros usaban mucha mano de obra inmigrante.

Muchos inmigrantes trabajaban en cualquier condición durante largas horas y por salarios bajos. Los trabajadores estadounidenses sentían que nunca obtendría mejores condiciones y salarios. El constante flujo de nuevas personas dispuestas a soporta cualquier cosa perjudicaba las condiciones laborales.

Afuera de los talleres de explotación, familias completas de inmigrantes trabajaban en sus apartamentos de un cuarto. Hacían **trabajo a destajo** por centavos. A menudo, sus hijos no recibían educación. No tenían tiempo.

Los inmigrantes construyeron el ferrocarril transcontinental.

Llegaron inmigrantes de todas partes del mundo.

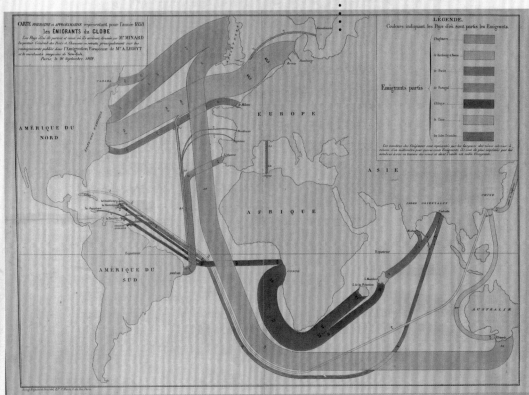

El niño obrero

A comienzos del siglo xx, muchos niños tenían que trabajar en lugar de ir a la escuela. Estos niños trabajaban en tan malas condiciones que alguno de ellos se lastimaban o morían. Y como no tenían tiempo para la escuela, no tenían esperanza de escapar de los talleres de explotación, las minas de carbón o las fábricas textiles.

Los propietarios de las fábricas textiles de Nueva Inglaterra trataban mal a los trabajadores. Las máquinas de tejer y los telares eran peligrosos. Generalmente los niños trabajaban en estas máquinas. Los niños tienen manos y dedos pequeños, de modo que podían arreglar las distintas partes las máquinas. Muchos niños que estaban soñolientos o no podían moverse suficientemente rápido eran heridos por estas máquinas. A los propietarios de las fábricas no les importaba. Sabían que había otros niños que podrían reemplazar a aquellos que se herían o morían.

Un fotógrafo llamado Lewis Hine quería detener el trabajo infantil. Alrededor de 1911, tomó muchas fotografías de niños trabajando. Las envi a los periódicos. Sus fotografías mostraban niños trabajando en condicione terribles y lugares horribles. Cuando las personas vieron estas fotos, comenzaron a presionar al gobierno para que se terminara el trabajo infant

Dos niños trabajan en la máquina de hilar en una fábrica de tejidos de algodón.

IN NEED OF PROTECTION

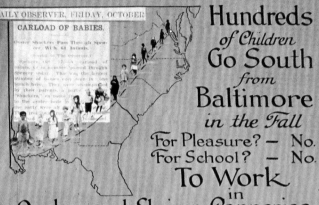

DAILY OBSERVER, FRIDAY, OCTOBER

CARLOAD OF BABIES.

Oyster Shuckers Pass Through Spencer With 61 Infants.

Spencer, Oct. 17.—A carload of babies, 61 in number, passed through Spencer today. This is the largest number of babies ever seen in one bunch here. They were accompanied by their parents, party "shuckers," on route to the oyster beds in the party were all children too small to shuck oysters.

Hundreds *of Children* Go South *from* Baltimore *in the Fall*

For Pleasure? — No.
For School? — No.

To Work *in*

Oyster and Shrimp Canneries
Oyster Months are School Months.
So these Children have No School,

THEY WORK

Oyster Shucking

Their day often begins at 4:00 A.M.

Shrimp Picking

Why it is Harmful

Long Hours and Irregular Work
Bad Working Conditions
Bad Housing Conditions
Exposure to Heat, Cold and Wet.

They Return to Baltimore in Spring
Ready to Work on Strawberry Farms.

The Law Protects Oysters *and* Shrimps

Why Not Protect Children Too?

Este cartel promovía que las personas detuvieran el trabajo infantil.

Estadísticas sorprendentes

En 1832, casi la mitad de los trabajadores de las fábricas tenían entre siete y dieciséis años de edad. Para 1860, solo un puñado de estados había declarado ilegal el empleo para niños menores de diez años. Incluso en 1890, dos de cada diez niños estadounidenses aún trabajaban seis días a la semana.

Los trenes de huérfanos

Muchos huérfanos vivían en las calles de la ciudad de Nueva York. Los niños sin empleos pedían o robaban alimentos. En 1854, Charles Loring Brace decidió poner a estos niños en trenes hacia el Medio Oeste. Esperaba que los granjeros pudieran adoptarlos. Cerca de 200,000 niños fueron adoptados de esta manera.

Monopolio de Morgan

En 1904, el presidente Theodore Roosevelt exhortó a la Corte Suprema de EE. UU. a que hiciera cumplir la ley antimonopolio Sherman contra Morgan. La compañía de Morgan estaba monopolizando los ferrocarriles occidentales.

Un monopolio moderno

Microsoft® fue declarado culpable de tener un monopolio. Su sistema operativo Windows® 95 hacía que las personas tuvieran que usar el explorador de Internet de Microsoft. La compañía tuvo que pagar los daños. Sus prácticas habían perjudicado a otras compañías de software.

Fracaso de los cartele de empresas

Había algunas compañías que querían controlar todo. Por ello, en 1890 se promulgó la ley antimonopolio Sherman. Se basaba en el derecho del gobierno de regular el comercio. El propósito de la ley era evitar qu los grandes negocios abusaran de su poder.

Primero, la ley prohibía los **monopolios**. Un monopolio es cuando una persona o compañía tiene control total de un mercado o una industria. Los industrialistas ricos no creyeron que el gobierno de Estados Unidos haría cumplir la ley. Rockefeller intentó seguir comerciando como siempre. También J. P. Morgan. Pero la Corte Suprema de EE. UU. hizo que ambos terminaran sus monopolios.

En segundo lugar, la ley establecía que ninguna compañía podía formar un **cartel de empresas**. En ese entonces, enormes compañías creaban carteles de empresas para controlar el mercado. Primero, la compañía compraba la mayor parte de sus competidores Luego, creaba los carteles de empresas para forzar al resto de la competencia a que limitara la producción y mantuviera los precios bajos. De hecho, dichos carteles de empresas permitían que una compañía se "adueñara" de toda la industria.

El edificio de la Corte Suprema de Estados Unidos es el lugar donde se hacen cumplir las leyes antimonopolio.

Congress of the United States of America;

At the First Session,

Begun and held at the City of Washington on Monday, the second day of December, one thousand eight hundred and eighty-

AN ACT

To protect trade and commerce against unlawful restraints and monopolies.

Be it enacted by the Senate and House of Representatives of the United States of America in Congress assembled.

La ley antimonopolio Sherman evitó que los negocios abusaran de su poder.

Comienzos de los sindicatos obreros

Solo los propietarios de negocios podían costear las máquinas que se usaban para fabricar mercancías. Esto les daba una ventaja. A ellos no les importaban los trabajadores.

Los trabajadores se dieron cuenta de que debían unirse. Entonces, formaron sindicatos obreros. Un sindicato obrero es un grupo de trabajadores que acuerdan trabajar juntos. Defienden sus derechos en el trabajo. A veces, tienen que declararse en huelga para asegurarse de que sean tratados de manera justa. Si los trabajadores se declaran en huelga, una fábrica se paraliza.

Los impresores y zapateros comenzaron los primeros sindicatos. Estos eran grupos locales. Nunca duraron más que algunos años. En 1827, los diferentes sindicatos comenzaron a trabajar juntos. Los carpinteros de Filadelfia querían una jornada laboral de 10 horas. Se declararon en huelga. También lo hicieron los albañiles e impresores. ¡Funcionó! Las condiciones laborales mejoraron para los tres grupos.

Pronto hicieron lo mismo otros grupos. Los sindicatos lograron que una jornada laboral de 10 horas fuera la norma para la década de 1850. Pero luego, los sindicatos se estancaron al tratar de producir reformas sociales.

Empleados de Western Union en huelga contra los salarios bajos.

Actores declaran huelga en la ciudad de Nueva York en 1919.

Don't Go In! ► STOP!
Strike Today!

Model Blouse Employees are ON STRIKE to end firing of UNION members, for JUST hours, FAIR wages, and DECENT working conditions!

***

ALL OUT ON THE PICKET LINE FOR A COMPLETE

UNION VICTORY

Amalgamated Clothing Workers of America
19 E. Pine Street, Millville, N. J.
license no. 24

Este es el volante de una huelga de 1935.

La AFL

La Federación Estadounidense del Trabajo (AFL, por sus siglas en inglés) fue el primer sindicato exitoso porque se concentró en los problemas de los trabajadores en lugar de en los problemas sociales. El líder de la AFL pidió a los propietarios que aumentaran los salarios y que mantuvieran el puesto de una persona cuando se ausentara por enfermedad.

Los empleadores se defienden

Como era lógico, a los empleadores no les agradaban los sindicatos. Si el líder de un sindicato convocaba a una huelga, el empleador lo llevaba a la corte. Allí se declaraba que el líder del sindicato infringía la ley antimonopolio Sherman. Sus acciones interferían con los negocios. Los jueces exigían que se terminaran las huelgas.

Tiempos difíciles para los sindicatos

La historia detrás de la revuelta de Haymarket

Los trabajadores de Chicago se habían declarado en huelga. Los huelguistas amenazaban a cualquiera que cruzara las líneas del piquete. Un día, la policía disparó contra la multitud de huelguistas desarmados. Muchos huelguistas fueron heridos y cuatro murieron. El día siguiente fue incluso más violento por el ataque con la bomba.

La huelga Pullman de 1894

Los trabajadores de Pullman Palace Car Company se declararon en huelga. Los propietarios habían recortado sus salarios. El sindicato ferroviario intentó ayudar declarándose también en huelga. Pero el gobierno de EE. UU. envió tropas para poner fin a la huelga. Las huelgas habían interferido con la entrega del correo por tren.

Ocurrieron varios conflictos que casi terminaron con los sindicatos obreros. El primero ocurrió en 1886. Se llamó la revuelta de Haymarket. Los trabajadores se reunieron en Chicago. Querían evitar que la policía detuviera la huelga de una fábrica. Alguien lanzó una bomba. Murieron siete policías y un civil. Como resultado, algunos de los líderes del sindicato fueron ejecutados.

La huelga Homestead de 1892 fue otro revés. Los trabajadores siderúrgicos declararon huelga por una mejor paga. El propietario contrató guardias para acompañar a trabajadores nuevos a la planta. Se desató una pelea y algunas personas murieron. Los trabajadores renunciaron al sindicato y volvieron a trabajar.

Los sindicatos recibieron un gran estímulo con la ley de inmigración de 1924. Esta reducía la cantidad de personas que podían ingresar a Estados Unidos por año. Puso un límite a la cantidad de personas en busca de trabajo. Entonces, esto aumentó la capacidad de negociación de los trabajadores. Cuando se promulgó la ley nacional de relaciones laborales en 1935, esta obligó a que los empleadores comenzaran a negociar con los sindicatos.

Escena de la plaza Haymarket la
noche del 4 de mayo de 1886

La huelga Homestead fue
titular en las noticias de 1892.

Las primeras tropas
llegan a Homestead el
12 de julio de 1892.

Los periodistas se enfocan en los grandes negocios

¿Has escuchado alguna vez el dicho: "La pluma es más poderosa que la espada"? Eso significa que las palabras escritas son más poderosas que cualquier arma. Los **periodistas de investigación** eran personas que usaba sus plumas contra los grandes negocios. Estos periodistas investigaban negocios. Luego, escribían artículos y libros sobre ellos. Describieron muchas cosas impactantes. Esto provocó escándalos públicos y, en algun casos, se involucró el gobierno.

Un famoso periodista de investigación fue Upton Sinclair. Escribió

La jungla. Describió plantas procesadoras de carne. Allí, las personas preparaban reses y cerdos como alimento. El trabajo se realizaba en condiciones de extrema suciedad. En el libro de Sinclair, un hombre se había destruido el dedo con una trituradora. Su carne fue al embutido. ¡Se empacó y envió para ser vendido al público como alimento! Este libro resultó muy perturbador para el público. Condujo a la ley de alimentos y medicamentos puros de 1906.

Los periodistas de investigación hicieron que se pensara en las condiciones de trabajo y en cómo deberían ser tratadas las personas. Como resultado, los sindicatos obreros se fortalecieron. Se aprobaron leyes nuevas para ayudar a mejorar las condiciones laborales.

En la actualidad, hay mejores condiciones laborales para las personas. Las leyes protegen a los trabajadores de malas situaciones. Las leyes resguardan a los niños y a otras personas de los talleres de explotación. Y los propietarios de negocios no pueden monopolizar la industria. Estos cambios se debieron a los sindicatos, las leyes y los periodistas de investigación que hicieron que los lugares de trabajo fueran seguros y justo

Las condiciones no se ven muy limpias en esta planta procesadora de carne en Chicago.

El rey carbón

Sinclair escribió *El rey carbón* en 1917. Este libro expuso las terribles condiciones laborales de los mineros de carbón de Colorado. Él quería mostrar que ellos tenían buenas razones para declararse en huelga. Más adelante, escribió *¡Petróleo!* Esta obra ayudó a apoyar las demandas de los sindicatos obreros.

Famosa periodista de investigación

Ida Tarbell fue una de las primeras periodistas de investigación. Escribió *La historia de Standard Oil Company* en 1901. En ella, contó cómo John D. Rockefeller había usado prácticas ilegales para lograr el control de la industria petrolera. Esto ayudó a que la Corte Suprema de EE. UU. ratificara la ley antimonopolio Sherman.

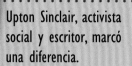

Upton Sinclair, activista social y escritor, marcó una diferencia.

Ida Tarbell

Glosario

acciones: partes de una compañía que muestran la propiedad y el derecho a recibir parte de las ganancias

capital: dinero; a menudo usado para comenzar un negocio

cartel de empresas: una agrupación de compañías del mismo sector que tienen el interés común de reducir la competencia; un arreglo en el que alguien toma cargo de bienes de personas o compañías

cinta transportadora: una banda que se mueve continuamente y que transporta las cosas de un punto a otro

economía: la forma en que una nación maneja sus industrias, comercio y finanzas

empresa: una idea o un proyecto de negocio

financista: una persona que presta fondos a las organizaciones para ganar dinero

industrialistas: personas que poseen o controlan negocios de fabricación

interés: tasa pagada por el dinero prestado

línea de montaje: proceso en el que un artículo se mueve a lo largo de una cinta transportadora y los trabajadores le agregan algo al artículo a medida que circula hasta que se ensambla toda la pieza

monopolios: control total de mercados o industrias

patentar: obtener un documento legal que da al inventor de un artículo el derecho exclusivo de fabricar o vender

periodistas de investigación: personas que escriben sobre corrupción en la sociedad para intentar cambiar las leyes

presa: víctima

regularlas: ponerlas bajo el control de la ley

revolución: provocar el cambio o la reforma en la forma de hacer las cosas

talleres de explotación: negocios con malas condiciones de trabajo; los trabajadores eran a menudo niños y mujeres

tecnológico: relacionado con la tecnología o las máquinas

textil: una tela tejida o de punto

trabajo a destajo: trabajo en el que los salarios se ganan en función de la cantidad de piezas cosidas

Índice analítico

Créditos de imágenes